Esta historia trata sobre **los kelpies**.

Los kelpies son criaturas provenientes del folclore escocés – caballos mágicos que se suelen encontrar cerca de lagos y, a veces, del mar. Los kelpies son increíblemente salvajes y pueden ser peligrosos, por lo que es mejor evitarlos. Mucha gente cree que los kelpies son reales, y nunca se demostró que no existan…

Una traducción de 'The Storm Foal'

Publicado por primera vez en el año 2022 por Meadow Song Books
Margate, Reino Unido

traducción al español por Juan Cruz Ciacci, "Undercross"

Copyright © Meadow Song Books
Todos los derechos reservados

ISBN 978-1-7399442-7-8

www.meadowsongbooks.co.uk

El potro en la tormenta

escrito por Megsie Bray y Lily Cleo Hewitt
ilustrado por Maddy Vian

Un faro imponente
brillaba en la cima,
su luz penetrante
sin importar el clima.

"¡Se aproxima una **tormenta**!"

Gritaba el pescador.

"¡Los botes ya están sueltos!

¡Muévanse, háganme el favor!"

Por la calle adoquinada,

seguíamos nuestro viaje –

caminando hacia la costa,

entre los vientos salvajes.

El cielo ennegrecido, aun de día,
camuflaba los acantilados.
Si no fuera por el faro,
no llegaríamos a ningún lado.

La cuerda se resbala,
las maderas ruidosas.
Hay que desatascar los botes,
pero, ¡qué tarea engorrosa!

Pronto la playa estaba vacía,
la gran tormenta ya estalló.
Así parpadeó el faro,
hasta que su luz falló.

En la tormentosa negrura, las olas azotaban con antipatía. Hasta que oí un gemido sonando desde la bahía.

De a poco volvía la luz y amagué a marcharme… pero una cosa insólita, me llevó a voltearme.

Era uno de los caballitos que viven en el fondo del mar, lleno de antigua magia tan difícil de encontrar.

Era un potro joven con lunas por ojos, cabello fibroso de algas – simulando ser hinojos.

Un relincho salió de su boca
mientras me inclinaba para tocarlo,
para sobrellevar este duro día,
me dejó acompañarlo.

Durante nuestro andar ruidoso por las desiertas calles, se abría una veintena de puertas y cortinas, solo para ver qué sucedía.

"¡Santos cielos! Jamás vi..."
Oí musitar a la hija del vicario.
Decía, impactada "¡Un caballo Kelpie!
¿No anticipan un calvario?"

Con un traqueteo incesante,
llegó el viejo pescador Guille
Su cara entonces se arrugó
y dijo, en tono señorial:

"Rose,

por tan solo un mes podrás

a esta criatura

en las costas tener,

o la mala suerte te acechará,

como dicen que suele suceder,

robarle al mar no es gratis...

y tomar lo suyo

no debes hacer".

Sus palabras me dejaron fría
y jadeando, me alejé de él,
pues aquel Kelpie me quería a mí;
Aquel era de mí, y yo de aquel.

El faro alumbró nuestro paso
por el sendero de la colina,
y junto a él corríamos libres,
brillando por la espuma marina.

El sol de verano apuraba
nuestra percepción de los días,
mientras Finn, el Kelpie,
en el agua se divertía.

"Finn!" gritaba papá siempre.

"¡No te revuelques en el macizo!"

"¡No molestes a bebé Maya!"

"¡Quédate a dormir en el cobertizo!"

La luna crecía con los días,
Y cada noche Finn era más salvaje,
Le di algo de paja y lo encerré,
Parece que no entendí el mensaje.

"¡Lleva tus sábanas adentro!"
Nos avisó la señora de al lado.
"Hoy vienen vientos fuertes"
Y retumbó un trueno alejado.

"Nadie se va de la casa hoy",
Advirtió mamá, como si lo acertara.
"¡Los animales están seguros!
¡Ve a la cama… y lávate la cara!"

La lluvia golpeaba la ventana
Mientras leía un libro en mi cama.
Sentí un ruido de pezuñas afuera
Junto a la **sacudida** de las ramas.

Crucé con mucho cuidado la oscuridad,
pensé que no había nada.
Hasta que sus ojos me estacaron,
y entendí el mensaje en su mirada.

"Por favor, quédate conmigo",

le dije.

"Te voy a dar mucho amor".

Y un **rayo** partió el cielo en dos,

envolviendo mi casa en un **temblor.**

"**¡Perfecto**!", grité con furia,
mirando la bahía recortada.
"¡Quédate con él! ¡No me importa!
¡Al cabo que, para mí, no significa nada!"

Me fui con lágrimas en los ojos
sin que él lo entienda,
o eso creí hasta que corrió hacia mí,
y me ofreció su rienda.

Mis botas chapoteaban en el mar,
mientras el faro volvía a parpadear.
Finn retorció la montura en la oscuridad,
yo apenas me moví, él no podía parar.

Sobre las olas llenas de luna,
aparecio esa familiar melena.
Chispas en los ojos mientras se unía a los suyos,
si mal no recuerdo, eran una cincuentena.

En un breve instante se fueron,
destellos de blanco sobre azul oscuro.
Los cielos despejados, mi corazón estaba lleno,
suena raro, pero de eso estoy segura.

¿Cómo es que lo sé? Yo te voy a enseñar.
Es en noches como la de hoy,
donde el viento ruge, las olas impactan,
y mi faro alumbra a donde voy.

En el horizonte podrás observar,
si a la hora correcta decides mirar.
Lejos en el mar, entre las olas,
verás a los Kelpies bailar.

Por tantos años me aseguré de que las luces siempre estén brillando. El mundo es un sitio de maravillas, que cada día nos va asombrando.

Porque la magia vive en nuestro mundo,
para aquellos que eligen mirar.
Y nunca tomes lo que no te pertenece,
respeta al mar, no lo has de provocar.

Megsie Bray y Lily Cleo Hewitt crecieron juntas en un pueblo costero famoso por sus atardeceres, contrabandistas y naufragios. Nos apasiona el folclore y pensamos que todos (en especial los niños) merecen disfrutar su herencia cultural. Hay tantos libros sobre maravillosas criaturas, creadas muy recientemente, que quisimos compartir algo antiguo que le pertenezca a todos, no solamente a nosotros. Algo acerca de una criatura que bien podría ser real…

Megsie   Lily

Maddy

Maddy Vian es una ilustradora y directora artística que vive junto al mar en Margate, en el condado de Kent. Luego de graduarse de la escuela de artes, trabajó en una amplia gama de proyectos creativos, desde videos musicales animados hasta apps de libros de cuentos. Sus ilustraciones son a menudo reflexivas y nostálgicas, y disfruta usar todo color que el ojo pueda ver.

www.meadowsongbooks.co.uk

www.ingramcontent.com/pod-product-compliance
Lightning Source LLC
Chambersburg PA
CBHW042108090526
44590CB00005B/135